Pjesma promjene klime –
svaka zemlja ima svoje strofe.
Duga tama i svjetlo

Vječna riječ,
Jedan Bog, Slobodni Duh,
govori preko Gabriele,
kao i preko svih Božjih proroka -
Abrahama, Joba, Mojsija, Ilije, Izaije,
Isusa iz Nazareta,
Krista Božjega

*Pjesma
promjene klime –
svaka zemlja ima
svoje strofe.*

*Duga tama
i svjetlo*

*Bog Otac, Vječni svemirski Jedan,
objavio se u lipnju 2019.
preko Svoje proročice i izaslanice
Gabriele*

Gabriele
naklada Riječ

Pjesma promjene klime –
svaka zemlja ima svoje strofe.
Duga tama i svjetlo

1. izdanje na hrvatskome jeziku, ožujak 2023.

Licencijsko izdanje s odobrenjem nakladnika
© Gabriele-Verlag Das Wort
Max-Braun-Str. 2, 97828 Marktheidenfeld, Njemačka
www.gabriele-verlag.com
www.gabriele-publishing.com

Naslov izvornika:
Das Lied des Klimawandels –
jedes Land hat seine Strophen.
Die lange Dunkelheit und das Licht
ISBN izvornika: 978-3-96446-305-0

hrvatski – kroatisch
Broj knjige: S193kr

Za sva pitanja od važnosti za sadržaj
mjerodavno je izvorno njemačko izdanje.
Prevedeno s njemačkoga.

Nakladnik:
Gabriele naklada Riječ j.d.o.o., Zagreb
www.naklada-gabriele.com

Sva prava pridržana

Naklada: 500 primjeraka

ISBN 978-953-59224-5-2

CIP zapis je dostupan u računalnome katalogu Nacionalne
i sveučilišne knjižnice u Zagrebu pod brojem 001168224.

Ja Jesam koji Jesam, Bog Abrahama, Izaka i Jakova, Bog svih istinskih proroka i proročica, Bog svih pravednih muškaraca i žena.

U svim vremenima vremenā slao sam Ja, svemirski Jedan, bića iz Vječnog kraljevstva Svojim sinovima i kćerima koji su se odmetnuli od Mene, vječne ljubavi, jer su željeli vječni zakon, a time i Kraljevstvo Bitka, drugačije oblikovati, odgovarajuće svojim željama i predodžbama.

Sinovima i kćerima u procesu pada dao sam na put na početku pada kvantum stvoriteljske i stvaralačke energije da bi Mi pokazali i dokazali kako bi bilo bolje.

Stvoriteljske i stvaralačke energije koje su im bile dane za njihove vlastite stvaralačke predodžbe bile su naravno zajam, a ne dar, jer je vječni zakon apsolutno jedinstvo i stoga ne može dugoročno postojati podijeljeno stvaranje. Vječni zakon također je apsolutna sloboda, stoga im je bila pružena prilika da dokažu kako to mogu učiniti bolje nego Ja, koji Ja Jesam, u jedinstvu s osnovnim stvoriteljskim i stvaralačkim snagama Vječnog kraljevstva: Redom, Voljom, Mudrosti i Ozbiljnosti kao i s osobinama djetinjstva: Dobrotom, Ljubavi i Blagosti.

Unatoč nezamislivom energetskom svjetlosnom eteru koji su odmetnici dobili od vječnoga finotvarnog kraljevstva, od samog je početka zajam - energetske stvoriteljske energije - bio transformiran nadolje, sve do nastanka zgusnutosti, materije, i do daljnjih degeneracija.

Budući da se već od samog početka njihova pada pokazalo da im je izuzetno teško energije svjetlosnog etera ponovo transformirati nagore, slao sam odmetnicima uvijek iznova Božje navjestitelje, proroke i proročice.

Kako su pali baštinici Vječnog kraljevstva s tom svojom braćom i sestrama iz vječnog Bitka postupali, to pokazuje njihov samooda-brani patrijarhat, moloh svećeničkog ceha i državne vlasti.

Neizmjerna zlouporaba energija - i to od početka - nije ukinuta jer energija ne može nestati, ni jučerašnja energija ni današnja.

Negativne se energije potenciraju u skladu s takozvanom uzročnosti, također i u pogledu jednakih i sličnih obrazaca i načina pona-šanja, i to svake vrste.

Također će i lanac uzroka i posljedice na-silnih zločina počinjenih zlouporabom Mojeg imena biti svakomu energetski proporcional-no dodijeljen, također i svakoj zemlji i njezinu stanovništvu. Svaka karika lanca uzroka i po-sljedice potencira svoju neokajanu energiju ili je umanjuje, što se također može odvijati tijekom inkarnacija u odgovarajućim epohama.

Ne poništavaju se svi nasilni zločini nad djecom, ženama i muškarcima, životinjama na zemlji, u zemlji i iznad zemlje ni u morima, rijekama i jezerima. Sve što nije okajano, ostaje u lancu uzroka i posljedice.

Energija ne može nestati – pa ni onda ako čovjek ne vjeruje Mojim riječima.

Svatko tko vjeruje takozvanoj svjetskoj znanosti, koja također pretpostavlja da energija ne može nestati, morao bi se također upitati: gdje su energije koje je u vremenima vremenā čovjek stvorio čovjeku, i to tijekom svih generacija? Jedno bi se pitanje moglo nadovezati na drugo: tko je što učinio i gdje su energije ostale?

Tko je to bio jučer, a tko je to danas?

Čovjek je to bio jučer i isti je grješnik i danas.

eć od samog početka pada „stručnjaci pada" željeli su Meni, Bogu Abrahama, Izaka i Jakova, Bogu svih Božjih glasnika, dokazati da oni Moj zajam, moćni stvoriteljski i stvaralački svjetlosni eter, mogu upotrijebiti na svoj, navodno, pravilni način, i prema tome umnožiti.

U vremenima vremenā, sve do današnjih dana, dolazili su Moji Božji glasnici, proroci i proročice, k „bićima pada" a potom i k ljudima. Također i drugi pravedni muškarci i žene donijeli su im kruh života, zakon ljubavi prema Bogu i bližnjemu.

U svim vremenima vremenā birali su odmetnici - bilo još kao bića pada, bilo kao ljudi - svoje idolatrijske bogove, koje su ukrašavali svim vrstama nakita, ukrasa i „dostojanstava" pa ih podigli u raznovrsnu crkvenu tradiciju i postavili iznad Mojeg imena i iznad „Ja Sam vječni zakon".

Pod tom zakulisnom vlasti religijskog vladajućeg ceha, državne vlasti služe idolatrijskom bogu sve do u današnje dane.

Kroz sva vremena, do u današnje dane, obožavao se i obožava se idolatrijski bog, koji je u svim vremenima vjernicima mnogo obećavao i obećava - ali ipak sve je ostalo samo pri tome do današnjeg dana.

Svakoga tko se idolatrijskom bogu, bogu kulta, nije pokorio i prinio mu žrtvu, postojeći je vladajući sustav podjarmio i žrtvovao.

Čitave vojske istomišljeničkih vojnika – istovjetno usklađenih crkvenom i državnom vlašću – navalile su na djecu, žene i muškarce, silovale djecu i žene, i ubijale ono što im je stajalo na putu i to onako kako im je to naredio određeni rekvijem pod crkvenom zastavom.

Nasilna vlast Crkve i državnih organa pljačkala je i otimala čitave narode i u krvavim orgijama i pokoljima ubijala djecu, žene i muškarce.

Idolatrijski kult i njegov privjesak, odgovarajući državni ceh, zapovjedili su svojim plaćenicima krvoproliće i izgladnjivanje čitavih plemenskih naroda. Mučili su i oskvrnjivali djecu, žene, starce i bolesne - i to nebrojeno njih.

Pod Baalovom vladavinom držani su takozvani neprijatelji - bez obzira na to jesu li to bile žene, djeca, bolesni i slabi ili očevi i majke, djeca ili dojenčad - u tamnim i pljesnivim tamnicama.

Nisu imali obzira ni prema bolesnima i glađu iscrpljenima, vapećima i preklinjućima zatvorenicima, već su ih bičevali, mučili ih kako im se prohtjelo i silovali omršavjele žene, djevojke i djecu, na tisuće njih.

Za komad kruha za gladnu djecu muškarci i žene bili su spremni postati pomagači i doušnici mučitelja pod žezlom krvnika, u ime boga koji kažnjava i pokorava; idolatrijskog boga Baalova crkvenog sustava i državne vlasti.

Ja, koji Ja Jesam, dopustit ću da sve neo-kajano uskrsne: u vremenima vremenā pali su i Božji navjestitelji kao žrtve idolatrije, opunomoćenika idolatrije, sakralne hierarhije - a time također i nasilnih zločinaca iz sve-ćeničkog ceha i državne vlasti.

Ništa i nitko nije ostao pošteđen – osim ako se religijski lojalist nije udružio s vlasti mračnih sila.

U vremenima vremenā, sve do današnjih dana, također kult krvne žrtve nije zaobišao ni životi-nje, već naprotiv. Životinjski svijet u masovnom uzgoju životinja podložan je barbarskoj mesnoj etiketi za užitak nepca, odnosno kondicioniranje nepca. Brutalnost prema bezbrojnim životinja-ma poprimila je i poprima daljnje oblike.

Oskvrnuće najbrutalnijom, najokrutnijom go-lom silom svega što živi - u šumi, na poljima i u okrutnim životinjskim stajama – postalo je i po-staje općenito prihvaćeni nivo jer degenerirani čovjek, masa, žrtvuje sve svojoj ravnodušnosti.

Jednaka ravnodušnost vlada također kada se radi i o institutima za pokuse na životinjama. U tim institucionalnim zavodima doista stanuje sam idolatrijski bog.

Jedna se okrutnost nadovezuje na drugu.
Tko je pokrenuo nešto takovoga?
Tko je za to odgovoran?

Nesavjesnost, nedostatak osjećaja, svjedoče da je čovjek već odavno postao suučesnik moloha, koji već vremenima vremenā čini zlo na najokrutniji način.
Ali što čovjek sije, to će čovjek i žeti.

Okrutnim paklenim strojevima, čije brutalne posljedice ne izostaju na poljima i u šumama širom svijeta, čovjek okrutnik čini prirodna životna staništa žrtvenim mjestom idolatrijskog boga Baala.
Svaki otrov koji čovjek u i na zemlji daje životinjama, uključujući i životinje u vodama,

žigoše planet Zemlju. Čak i nebrojene naprave i alati koji su napravljeni s tolikim prezirom prema životu da im se živo biće jedva može othrvati jesu energije.

Svaki otrov i njemu odgovarajuće naprave koje se koriste za iskorjenjivanje života životinja i biljnog svijeta jesu energije, uzroci, čije posljedice ne izostaju.

Također je i sačmarica u šumama i na poljima još uvijek privlačna takozvanim lovačkim društvima.

Gdje ostaju također i te energije?

Gdje su ostale sve te užasne i smrtonosne energije?

Kamo idu i odlaze sve te mučne energije ako, čak i prema izjavama vaše znanosti, energija ne nestaje?

Kamo idu energije - i što će biti kada se pokrene uzročnost?

sus iz Nazareta donio je ljudima Boga ljubavi prema Bogu i bližnjemu i učenje o miru u Svojem Govoru na Gori.

Zašto već gotovo dvije tisuće godina križ s tijelom mora služiti svećeničkom klanu i državnoj vlasti i za ritualnu uporabu crkvenih tornjeva u gradovima i selima?

Ta toranjska zastava otkriva što je bilo u svim vremenima i što još danas jest, međutim kao ritualno žezlo za sve vrste neistina pod imenom „kršćanske vrijednosti".

U patrijarhalnim crkvama i na mnogim poljima stoji križ s tijelom. Treba li to također biti i znak „kršćanskih vrijednosti"?

Koje su to takozvane „kršćanske" vrijednosti?
Je li to odgovarajuće oružje za ubijanja i umorstva koje dolazi iz takozvanih „kršćanskih zemalja"?
Sve se temelji na energiji. Energija ne nestaje.

Protivnik od jučer do danas vjeruje da je ovim umjetnim trofejom, tijelom na križu, Mene, Boga Abrahama, Izaka i Jakova, Boga svih Božjih navjestitelja, pobijedio a također i Mojeg Sina, Krista Božjega, kojeg sam Ja poslao vama ljudima i koji je Svojim „Svršeno je" spriječio rastvaranje prasupstancije i zaštitio jezgru bića u svakoj duši.

Premda je trofej postavljen u vašim crkvama i na mnogim poljima – ipak je tako kako jest:

Krist Božji ostvario je spasenje za sve dušne ljude i duše. On je uskrsli i sjedi Meni zdesna. On dolazi u svom sjaju i slavi, jer je Vječno kraljevstvo pobijedilo.

Nakon još dugih vremena noći, koje čovjek i planet Zemlja još imaju pred sobom, uskrsnut će zora iz pročišćene Zemlje. Tada dolazi vrijeme dolaska Krista Božjega, koji će sa Svojima podići Svoje kraljevstvo, koje će se sasvim postupno proširiti pročišćenim planetom Zemljom: Kraljevstvo mira.

Sada objavljujem, Ja, koji Ja Jesam, o posljednjem proroku: o proročici u Meni, koji Ja Jesam, koja je u komunikaciji s Mojim kerubinom Mudrosti, jednoć utjelovljenim u Izaiji.

Ona, sadašnja i posljednja Božja glasnica, putovala je u više zemalja kako bi u inozemstvu naviještala Moju poruku, onako kako se to mnogo puta događalo u njezinoj domovini. Tu i tamo došlo je na stotine ljudi, da ne govorimo o tisućama. Slušali su poruku Neba, a sada je slušaju preko radija i televizije.

Koliko je njih čulo i čuje poruku Neba, i koliko je njih bilo spremno odreći se svojega osobnoga da bi osnovali narod, narod u duhu slobode i jedinstva u ljubavi prema Bogu i bližnjemu?

Od Mojeg poziva, postanite jedinstven i slobodan narod – bilo kod Abrahama i kod Mojsija, kao i opet sada kod najveće proročice nakon Isusa iz Nazareta - masa ljudi ostala je do danas vjerna svojoj malograđanštini i kao u vremenu Mojsija loncima s mesom, jer je životinjsko meso neposredan i posredan izvor energije idolatrijskog boga Baala.

Koncil od jučer jest raskid od danas.

Vrata koja vode k idolatrijskom bogu ne samo da će se zatvoriti već je najavljeno njihovo razbijanje, jer Zemlja je postala neprijatelj čovječanstva.

U svim vremenima vremenā mase ljudi oskvrnjuju planet Zemlju i bore se protiv njega.

No sada se Zemlja podigla protiv zlog roda, protiv čovječanstva, koji je u svim vremenima od sustava pada, od jučer do danas, pokazivao svoju podložnost idolu tiraninu.

Demonska pedagogija nije ništa novo.

Zemlja će uroditi onim što je u nju unio religijski ceh sa svojim privjeskom, državnom vlašću.

Kako kaže vaša znanost?

Energija ne nestaje.

Tako jest - i tako će biti!

Tko je energije od jučer i energije od danas zabilježio?

Već od početka pada energije su zabilježene u takozvanom materijalnom kozmosu, a na mnogo kompleksnih načina i na Zemlji i u njoj.

Energija ne nestaje. Energije mnogih duša pohranjene su u različitim područjima finijetvarnog kozmosa. To su energetska spremišta, osobnosti bivšeg čovjeka, jer ono što je bivši čovjek posijao, bestjelesna duša sada može pogledati i čišćenjem ili otplaćivanjem ispraviti.

Što se ne može ispraviti, ostaje zabilježeno u Zemlji i vraća se dotičnoj duši, pa bilo to kao čovjeku u mijeni vremenā u odgovarajućim utjelovljenjima, jer energija ne nestaje.

Ono što je nekada bilo, a nije još okajano, ostaje sadašnjost - jučer i danas.

Energije, strašni postupci i nedjela čovječanstva nisu okajana; i tako su ljudi u svim vremenima vremenā učinili Zemlju svojim neprijateljem. Energija nikad ne nestaje, pa ni energije neokajanih djela iz prošlosti.

Od početka sustava pada pokušavaju instancije pada stvoriti kraljevstvo po svojoj mjeri i težnji, no to je sve do danas bilo samo njihovo htijenje, ali ne i njihova sposobnost.

Dakle, u vremenima vremenā sve je ostalo samo na njihovu htijenju.

Za diletante pada to znači: smatrali su to suviše laganim i suviše iluzornim.

U svim vremenima vremenā mnogi su ljudi bili skloni barbarstvu jer je odvraćanje od svake etike i morala učinilo nesavjesnost sredstvom za postizanje ciljeva, a to je bilo i jest „nametanje svojeg ega" - sve do danas. Masa ljudi poznaje Deset zapovijedi dobivenih preko Mojsija, no ostalo je i ostaje samo pri tome sve do danas.

Promjena klime

U zemljama ovog svijeta mnogo se raspravlja o takozvanoj promjeni klime.

Odakle dolazi promjena klime i tko ju je prouzročio?

Da bi se potaknule daljnje rasprave o tome kako gledati na promjenu klime, ljudima treba samo jedan kamen bačen u vodu, koji onda proizvodi mnoge krugove.

Kako isuviše ljudske diskusije ne bi previše uzele maha, Ja, koji Ja Jesam, svemirski zakon Bitka, ljudima ću objasniti odakle dolazi promjena klime.

Upravo ova riječ „promjena klime" ima mnogo strofa.

Mnogo disharmoničnih strofa dolazi kroz različite rasprave o klimi i promjeni klime i o tome kako bi se to zlo moglo ukloniti.

Stoga je riječ „promjena klime" postala melodijom iz koje je nastala pjesma. A pjesma je odraz katastrofalnog ponašanja svakog pojedinog čovjeka koji je pridonio tomu da planet Zemlja može biti u najkraćem roku doveden do uništenja.

Vi ljudi, slušajte i nadalje pjesmu o „promjeni klime" jer to je vaša pjesma, a ako želite, pratite melodiju triliranjem. Što god želite: pjevati, trilirati ili samo slušati – no uvijek ste to samo vi ljudi, i nitko drugi.

Sažetak za bolje razumijevanje:
pljačkaškim iskorištavanjem i uništenjem na svim razinama čovječanstvo je hraniteljicu, Zemlju, pozitivni kružni tijek njezine energije, isključilo.
No Zemlja se sada brani i ne želi dalje služiti čovjeku, jer čovjek je sam taj koji je Majku, hraniteljicu, Zemlju, učinio neprijateljem.
Zemlja se svojim nebrojenim resursima energetski suprotstavlja čovječanstvu.

Zemlja sa svojim morima, rijekama, jezerima i potocima brani se. Vode su pretežno postale odlagališta smeća, strvina. Takozvano izumiranje vrsta - kako to čovjek naziva – pokazuje kako stvari stoje na planetu Zemlji.

Smrtonosno zlo korača preko polja i kroz šume, preko livada i dolina. Pustinje i stepe šire se posvuda. Sve što diše podložno je sustavu uništenja.

Sve ostalo samo su ostaci života.

Jeca se i stenje na Zemlji, nad Zemljom i u mutnim vodama. Pod energetskim silovanjem Zemlja jeca, a smrtonosno stenjanje i jecanje u vodama jest melodija u Zemlji i na njoj.

Melodija i pjesma s odgovarajućom visinom tona jesu disharmonične strofe svake zemlje - promjena klime.

Od vremenā do vremenā na dnevnom redu jest dakle promjena klime – određena klima jest razlika u visini tona. Čovjek je sam napravio melodiju i posebnu pjesmu katastrofe za svaku zemlju i na kraju krajeva dostavio odgovarajuću partituru.

Svaka je zemlja u cjelokupnu melodiju „promjene klime" unijela dakle svoju strofu. Svaki čovjek pjeva i trilira. Na taj je način nastao orkestar.

Dirigenti za svaku strofu pojedine zemlje jesu vrhovnici Crkve i države. Stanovnici dotične zemlje triliraju s njima u nadi da će ostati pošteđeni ili da njih više neće pogoditi, jer bi njihov životni vijek, dodijeljene im godine, već uskoro mogle isteći.

Jedva da pokoji čovjek primjećuje da pjeva odnosno samo trilira s onim kojem pripada. Svaka duša, svaki čovjek, mjeri i važe samoga sebe i svatko određuje sebe samoga.

Vaga mjeri precizno. I jedva da ikoji čovjek shvaća da je on suvremenik koji je jučer, dakle u vremenima vremenā, bio onaj isti ubojica klime koji je i danas.

Idolatrijska povorka idolatrijskog boga uspjela je iskorijeniti učenje o reinkarnaciji, učenje o utjelovljenju duše u ljudsko tijelo, jer bi u protivnom i on sam bio prepoznat kao jučerašnji lažljivi moloh, koji danas nije ništa drugo nego još samo jedan koprcajući lažljivac koji pokušava zadržati na okupu svoju skupinu ovisnih idolatrijskih molitelja, koja se sve više smanjuje.

Unatoč ravnodušnosti mase jučer i danas ovo se više ne može zaustaviti: Zemlju, oceane, sve vode, čovjek je učinio svojim neprijateljem.

Vjernici poštuju riječ znanosti i riječ idolatrijskog boga.

Znanost kaže: „Energija ne nestaje", a idolatrijski bog misli: „Bog će to već popraviti".

Obje su tvrdnje točne, jer: Ja, Koji Jesam, činim sve novim, također što se tiče energije, jer energija ne nestaje.

No treba imati na umu: da bi se sve učinilo novim, mora staro najprije proći!

Kao što je rečeno, sve se temelji na energiji!

Sve što je u vremenima vremenā Zemlji, prirodi, životinjama i biljkama, vodama i oceanima, atmosferi i ljudima doneseno i naneseno patnjom i okrutnošću, zločinima i zločinima, i sve što od toga nije nadoknađeno, jesu neokajane energije u Zemlji, na Zemlji i iznad Zemlje.

Vrijeme je sazrelo: Ja, koji Ja Jesam, činim sve novim.

Ja nisam tužitelj, već samo tražitelj pravednosti i nabrajam ono što u vremenima vremenā nije nadoknađeno i nije okajano.

Nastaje dugačka i mračna kolona optužbi jer planet Zemlja stenje, i to otkada mora nositi ljude.

Optužujuće, stenjuće i jecajuće energije uzdižu se iz Zemlje i optužuju čovječanstvo, i to od države do države, od grada do grada, od mjesta do mjesta, od općine do općine, od sela do sela.

Sve što duše u onostranim svjetovima, u mjestima čišćenja, ne mogu nositi, ono što im je učinjeno kao ljudima, a oni sami nisu to prouzročili, optužbe su koje se uzdižu iz Zemlje kao energije.

Nebrojeni smrtni strahovi ljudi pred plamtećim lomačama jesu energije. Oni se uzdižu kao energije iz Zemlje i optužuju.

Energetski tužitelji jesu bezbrojne žrtve, milijuni i milijarde onih koje idolatrija države i Crkve ima na savjesti. Energije i energije podižu se iz Zemlje.

Za bolje razumijevanje u vezi počinitelja od jučer i danas:

Klimatski triler, pjesma, koja se kreće od države do države, probuđuje neokajanu energiju

*bezbrojnih mrtvih - ljudi koji su nekoć bili ubije-
ni, izbodeni, nabijeni na kolac, mučeni, obješeni
i strijeljani, držani u tamnicama i od države do
države umlaćivani s križem mira pred očima.*

*Sve se neokajane energije podižu – tužbe i
tužbe. Ljudi kojima su zvjerski odsjekli udove,
ljudi koje su osakaćene i zlostavljane ostavlja-
li u zatvorima i podzemnim tamnicama, koji
su na cestama i putovima polako umirali u
bolovima i patnji kao izopćenici, ljudi koji su
bili mučeni do mučeničke smrti, podižu se kao
energije.*

A kako to izgleda u današnje vrijeme?

*Kolona energetskih tužitelja, koja neokaja-
ne i pohranjene energije iz krvoločnih vreme-
na prenosi na nekadašnje počinitelje, danas
dobiva na brzini.*

*Bezbrojni ljudi koji su bili spaljeni na lo-
mačama, kao i čitavi narodi i plemena koja
su bila na okrutan način istrijebljena podižu*

se kao energije i pridružuju mračnoj koloni, koja se stalno produljuje.

Smrtni strahovi mnoge djece koja su bila silovana i predana molohu i bila prisiljena dati svoj život za idolatrijskog boga kao žrtve paljenice podižu se kao energije. Djeca koja su postala „žrtveni dar" u takozvanim križarskim ratovima podižu se kao energija i pridružuju sve duljoj i mračnijoj koloni „promjene klime".

Zločini bluda nad silovanim i maltretiranim ženama uzdižu se iz Zemlje kao energije i pridružuju koloni užasa.

Sve neokajano podiže se iz Zemljinih spremišta i otkriva zločine od jučer i danas.

Sve, ama baš sve, poput pljačkanja, grabeži i krađe, ropstva i kmetstva, paleži sve do velikih požara, ubojstva i genocida, rata i pokolja, također ubojstva životinja i izrabljivanja prirode, uzdiže se iz Zemlje.

Tko misli da može određivati smrt, vladati njome samo zato što zagovara trgovinu organima, taj određuje samoga sebe i prisutan je kada se umjetno proglašeni mrtvima podignu iz Zemlje kao energije.

Sve neokajano, uzročnosti, uzroci i uzroci, energije i energije, uzdižu se i usmjeravaju protiv onoga što se prema zakonu sjetve i žetve treba nadoknaditi i očistiti, izravnati po zakonu sjetve i žetve.

Energije i energije podižu se iz Zemlje i pridružuju mračnoj koloni užasa.

Neokajane energije patnje mnogih proroka i proročica, Božjih navjestitelja, prosvijetljenih muškaraca i žena, koji su u svim vremenima bili žrtve zvjerstava koja su počinile Crkva i državna vlast, također se pridružuju sve mračnijoj koloni.

Svi nasilni zločini podižu se energetski iz Zemlje i pridružuju karmičkoj energetskoj koloni.

Nad ljudski rod, koji je odbacio riječ glasnika i glasnica iz Božjeg kraljevstva, spustit će se mračna vremena, jer Ja, koji Ja Jesam, naučavao sam u svim vremenima vječni zakon ljubavi prema Bogu i bližnjemu.

Mnogi su ljudi u svim državama Zemlje držani u mraku kako ne bi ugledali svjetlo vječnosti – zbog toga i nasilna smrt mnogih donositelja svjetla, glasnika i glasnica iz svjetla.

Taktika prikrivanja i zataškavanja svojstvena je također u svim vremenima vlastodršcima u državi - državnoj vlasti, sudskom izvršitelju crkvenih moćnika.

Crkveni klan samo je zato toliko moćan i opsjednut vlašću jer slaba država koristi ograničenost naroda, naroda koji potom svoj strah žrtvuje crkvenom klanu, koji je nezasitan.

Potrebno mu je mnogo novaca za održavanje rekvijema, koji je nastanjen dolje, dakle dolje ima svoje sjedište, o čemu je već govorio i Isus iz Nazareta - to je onaj kojemu je potrebno štovanje, a danas još utoliko više: otac odozdola, koji je lažljivac i ubojica od početka pada. Njegovo raznovrsno bogatstvo nestaje, jer prijevara se otkriva, ne preko Mene, koji Ja Jesam; koji Ja Jesam, Otac Majka Bog, već preko bivših vjernika koji prepoznaju snage odozdola.

Bez obzira na to kojim se argumentima Crkva i država žele izgovarati, onako je kako je: bez pokajanja i nadoknade ništa ne može dobro uspijevati, ni u duši, ni u čovjeku, ni na djelima.

Ja Sam Vječni i vječni zakon ljubavi prema Bogu i bližnjemu, koji sadrži slobodu.

Sve se važe i dodjeljuje po mjeri i težini, svakoj duši, svakom čovjeku.

Energije na jeziku okretnih crkvenih i državnih moćnika kao i njihovih podređenih, također i onih u privredi i društvu, svih onih koji su imali i imaju svoj udio u ratovima i gladi, genocidu naroda i grabežu zemlje, izvagane su i u skladu s tim pravedno i postotno podijeljene. Odgovarajuće sjeme jest tu i tamo, i prema tome žetva je u odgovarajućoj zemlji.

Čini se da koloni patnji, ubojstava i sveopćeg zločinstva Crkve i države nema kraja, jer kolona neokajanoga, što se tiče ubojstva i nasilja, prolazi kroz mora, rijeke i jezera; samo nasilje, patnja, dugotrajna bolest i smrt. Energetska smrt morskih životinja i morskih biljaka svih vrsta diže se kao odgovarajuća energija i pridružuje karmičkoj energetskoj koloni.

Energija ne nestaje, jer karmička energetska kolona, koja lebdi nad Zemljom, postaje sve duža, jednako tako i mračna vremena, koja imaju svoje melodije i svoju pjesmu, koja se naziva „promjena klime“.

Klima u mijeni vremenā omogućuje čovječanstvu naslućivati koja će ga strofa pjesme danas ili sutra pogoditi bez obzira na to u kojoj zemlji, na kojem mjestu, sadašnji čovjek od jučer i od danas u tome ima svoj udio.

Poznato je – tako govori čovjek - Božji mlinovi melju polako, ali pravedno. Ono što čovjek sije – a nije okajano - to će i požeti.

Ja Jesam koji Ja Jesam, koji od početka pada pa do svitanja pokazuje mnoge, ali ne i sve detalje, jer je dolazak Mojeg Sina, Krista Božjega, jednom u Isusa iz Nazareta, već najavljen.

Dugačka i još uvijek mračna kolona patnji, neokajanih energija, nije još stigla do svitanja, jer pjesma o promjeni klime ima još uvijek mnogo strofa, a svaka strofa upozorava i potiče na kajanje i nadoknađivanje.

Ne smije se zanemariti - u svim vremenima govorilo je čovječanstvo: „Jučer je jučer, a danas je danas.“

Zaista, Ja Jesam koji Ja Jesam!
Vaše jučer jest sjeme za vaše danas - osim ako ste prepoznali svoje jučer i svoje pogrešno ponašanje, svoje zlo, uklonili pokajanjem i nadoknađivanjem. Ako ne, onda je vaše jučer i vaše danas.

Još uvijek je tako kako jest - stoga Moja riječ.

Crna zastava, koju većina ljudi i nadalje diže, jest mračna droga Crkve i državne vlasti, koja dominirajući tornjevima u mnogim mjestima, samo još skreće pažnju na sebe kako bi namamila masu ljudi - i ako ne ide drugačije, onda zakletvom krsne vode, što kaže: biti vezan.
Ako se zakletva na vjernost crkvenim moćnicima razvodni, onda se iz propovjedničke torbe vadi sljedeće, što glasi: vječno prokletstvo, vječne paklene muke.

Kad bi takva zakletva bila činjenica, dakle bila valjana, tada bi svi oni koji zahtijevaju takve zakletve od svojih bližnjih već i sami bili među prvima koji bi se našli na takvim vječnim paklenim mukama, dakle crkveni nadređeni i državni službenici prijašnjih vremena, jučerašnji carevi , kraljevi i državne vlasti.

Svi bi se oni našli tamo – a ne mnogi koji su bili njihove žrtve jer nisu vjerovali u crkvenu falangu, nego su se oduprli.

Ako energija ne nestaje, a sve je energija i vječni zakon sadrži mogućnost pokajanja i nadoknade - gdje su onda ostale te energije i duše?

Gdje su? Sjede li na svojim nadgrobnim spomenicima i čekaju uskrsnuće na sudnji dan – ili gdje su?

Uzročnost ih uči.

*ratko objašnjenje radi razumijevanja što znači reinkarnacija.*

Izgovoreno trodimenzionalnim riječima kroz Moj instrument, Moju glasnicu:
Oko za oko, zub za zub.
Što čovjek sije, to će čovjek i žeti.

Za dušu koja nosi uzroke to znači: ili se ponovo inkarnirati ili kao duša otplaćivati, prema prilikama u jednom dugačkom ciklusu noseći bol i patnju koju je kao čovjek prouzročila drugim ljudima ili što se tiče životinja i prirode.

Gdje su ti mnogi ljudi koji mogu pogledati svoje sjeme kako bi počinjenu nepravdu, svoja strašna djela, okajali?

Čak i ako religijska katastrofa niječe ponovno utjelovljenje duše u ljudsko tijelo - ipak utjelovljenja, reinkarnacije, ostaju za mnoge duše dar milosti ako kao duše pogledaju svoj lanac uzroka i posljedice.

Milijuni i milijuni umrlih ljudi dolaze kao duše u ponovno utjelovljenje, u inkarnaciju, i ponovo se rode ovdje i ondje, uglavnom u onim zemljama u kojima nepravda od jučer danas čeka na otplatu – tamo gdje dakle leže njihovi uzroci od jučer i danas - da bi nadoknadili ono što su kao ljudi u prošlosti prouzročili.

No tako je kako je:
Pravednost je izravnanje. Ako je čovjek jučer imao društveni ugled u najvišim krugovima, danas on dolazi kao običan građanin u zemlju u kojoj su njegovi uzroci trenutno aktivni kako bi ono što od jučer, dakle iz prošlih egzistencija, još leži zakopano u njegovoj duši, dakle uzroke, prepoznao ili ovisno o njihovoj veličini i težini podnosio njihove posljedice.
Dakle, to od jučer može biti i danas.

Karmička kolona, koja se tako dugo kreće oko Zemlje dok se mnogo toga ne okaje, donosi na svjetlo dana mnogo toga, također i neizrecivu

patnju životinja, također i što se tiče životinj-
skog kanibalizma, a do čijih posljedica u mnogim
slučajevima još nije došlo. Karmička kolona, od-
govarajuće energije, donose sve na svjetlo dana.

Reinkarnacija je pri tome dar milosti, jest
milosrđe, jer otplaćivanje na putu duše može za
dušu biti uistinu bolno putovanje.

Mračna i dugačka kolona ima još uvijek svoja
poglavlja.

Između ostaloga, važno je jedno poglavlje:
otplata ili pravovremeno nadoknađivanje, u
kojoj je važna zemaljska riječ „pravovremeno",
jer se kolona obnove ponovo ubrzala.

Melodije promjene klime, strofe, koje se kre-
ću iz jedne zemlje u drugu, postaju sve jasnije i
težeg sadržaja, jednako tako i posljedice, uzroč-
nost od jučer i danas, na kraju krajeva, to je
svaki čovjek sam.

Od države do države mjerne vrijednosti uzroka pokazuju različite posljedice, jer se duša jednog čovjeka koji danas umire može sutra opet roditi, odnosno inkarnirati, u nekoj drugoj zemlji, već prema mjernoj vrijednosti od jučer.

Neka bude kako bude:

put - kao duša ili kao čovjek – jest mjerodavan: bilo prema gore ili prema utjelovljenju. Mračna djela od jučer koja su danas očišćena, odnosno ispravljena, pokazuju put prema svjetlu, što je vječnost.

Nažalost, kolona smrti, odnosno kolona ubojica, još će dugo vremena na ovoj Zemlji pokazivati ono što treba okajati.

Ali poglavlje duge tame na ovoj Zemlji, ovisno o državi, postupno će se osvjetljavati i postati sunčanije, jer će i Zemlja postati svjetlija.

Zemlja, koja postaje svjetlija, nagovješćuje duhovno svitanje i početak Novog doba.

Nastat će jedna djevičanska Zemlja u znaku Mojeg Sina, Suvladara Kraljevstva Božjega, koji je kao Isus iz Nazareta najavio Svoj dolazak: „Dolazim uskoro.“

Razrušeni su tada grješni hramovi i tornjevi s njihovim idolatrijskim bogom. Uništene su sve crne zastave Baalova svećenstva. Ne vijori se više nijedna religijska zastava.

Ljudi Novog doba pronalaze istinskog Boga u svojemu miroljubivom biću i izgrađuju na Novoj Zemlji Kraljevstvo mira u znaku ljiljana - Sofije - čistoće i slobode ljubavi prema Bogu i bližnjemu.

Riječ upućena paru nositelju božanske Mudrosti, trećoj osnovnoj snazi pred Mojim prijestoljem:

Moja kćeri, koju sam povjerio kerubinu vječne Mudrosti - uistinu uvijek iznova i iznova i još jedanput iznova! – to su bile u kratkom obliku objavljene tvoje inkarnacije u kojima te je pratio princ Mudrosti, regent, nazivan i kerubin.

Ostao je uz tebe. On i jest uz tebe - dualnost Mudrosti pred prijestoljem sedam prasnaga Oca Majke Bitka.

Par nositelj vječne Mudrosti nosio je i nosi zastavu mira: kerubin - nekada na Zemlji u Izaiji - njegov dual pod različitim imenima, već prema epohama, sada proročica i glasnica Božja, Gabriele.

Zastava je podignuta i stoji za Krista Božjega, koji je kao Isus iz Nazareta najavio Svoj dolazak u Duhu Svojega vječnog Oca, koji Ja Jesam.

U vremenima vremenā, prije Abrahama i poslije Abrahama, vjerni su se ljudi uvijek okupljali oko žene koja je božanski zakon nosila i poučavala.

Kao i uvijek u svim vremenima među ljudima bili su i pristalice crne zastave da bi uništili sve što bi se samo činilo da služi Slobodnom Duhu, Bogu, koji Ja Jesam.

Ljiljan čistoće, zakon ljubavi prema Bogu i bližnjemu, nosio je utjelovljenu Mudrost od inkarnacije do inkarnacije i poučavao ono što je bilo moguće iako je mnogo trpjela pod baalovskim režimom.

Ona je nosila i nosi; a uz nju je bio princ Mudrosti, kerubin. Uvijek su iznova nosili zajednički i u današnje vrijeme nose. Otvaraju se vrata ljiljana, Mudrosti, u znaku Sofije.

Ona je u mnogim fasetama poučavala život za Novo doba u nastajućem Kraljevstvu mira. Kerubin, princ, odnosno regent Mudrosti, u mnogim je školovanjima objavio kako bi Zemlja mira mogla poprimiti oblik, intenzitet svjetlosti koji najavljuje dolazak Krista Božjega: „Dolazim uskoro.“

Iz Duha, aktivnog djela Mudrosti u Meni, djeluje i dalje vječna Mudrost, čak i onda ako zloduh još uvijek prožima zagađenu atmosferu. No kroz prizmatična sunca već zrači svjetlo Krista Božjega.

U Duhu vječnosti pojavit će se uzvišena žena, o kojoj stoji zapisano, a koja će u jedinstvu sa svojim duhovnim dualom podići prijestolje dolaska, znak Suvladara Kraljevstva Božjega, koji na strani vječnog Oca Majke Bitka kao Suvladar zrcali Svoje svjetlo objave za Novo doba, koje naviješta prijelaz u Kraljevstvo Božje.

U božanskom Bitku i u svijesti odgovornosti djeluje par nositelja božanske Mudrosti, treća osnovna snaga pred prijestoljem Vječnoga, koji Ja Jesam.

Desetljećima je uzvišena žena, ljiljan, Sofija, poučavala ljude ono što im jučer i danas Krist Božji dovikuje:
„Dođite svi k Meni, Kristu Božjemu, ovamo, Ja vas želim voditi!"

Zmaj je poražen. Bačen je na Zemlju i Zemlja, koja se čisti, preobrazit će ga.

Zemlja je u velikoj mjeri očišćena od mirisa plijesni i leševa, od pokvarenosti i idolatrije. Zemlja dobiva božansku odjeću.

Vječni, koji Ja Jesam, u jedinstvu sa Svojim Sinom, Suvladarom Kraljevstva Božjega, i regentstvom vječne Mudrosti, poziva u ovaj svijet:

Da, učinjeno je. Novo Nebo i Nova Zemlja nastaju kroz „Neka bude".

Ja, koji Ja Jesam, činim sve novim.

Poziv Krista Božjega već sada kruži oko Zemlje i svi ljudi koji nose križ na čelu, znak mira i ljubavi, čuju poziv Krista Božjega, koji glasi: „Tamo gdje su dvoje ili troje zajedno u Moje ime, Ja Sam među njima."

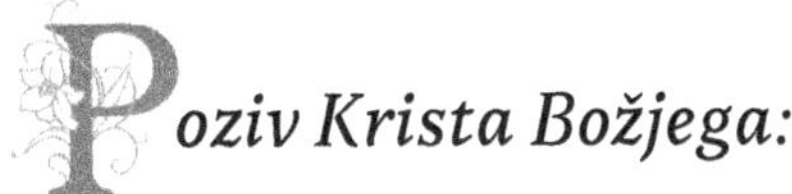

Poziv Krista Božjega:

„Znakovi su vidljivi, dolazak
prethodi, zora
objavljuje Mojima dan svjetlosti
i Novo doba.

Ja Sam u Bogu, Mojem Ocu,
Vječnom Bitku, Njegov Sin.
Regentski par vječne Mudrosti
najavljuje Moj dolazak.

U toj svijesti Novog doba
za miroljubive ljude:

Krist Božji, koji Ja Jesam u vječnom
Ocu Majci Bitku,
u Bogu, koji je vječnost!“

Rado ćemo Vam poslati
naš katalog svih knjiga, CD-ova i DVD-ova,
i male besplatne brošure s različitim temama
kao probu za čitanje.

Gabriele naklada Riječ
Martićeva 67, 10 000 Zagreb
Tel. 01/6446-695, 098/9425-777

www.naklada-gabriele.com
www.gabriele-publishing.com

www.ingramcontent.com/pod-product-compliance
Lightning Source LLC
Chambersburg PA
CBHW041216150726
48006CB00016B/2271